DEJAN SEKULIC

Haut ab!

7 effektive Methoden, um mit negativen Gedanken fertig zu werden!

Widmung

Dieses Buch widme ich allen Menschen, die ihren negativen Gedanken gern goodbye sagen möchten, all denen, die solchen Gedanken – ganz salopp ausgedrückt – Folgendes mitteilen möchten:

Haut ab!
Denn bei mir seid ihr einfach nicht erwünscht!

Haut ab!

7 effektive Methoden, um mit negativen Gedanken fertig zu werden!

Copyright © 2021 Dejan Sekulic

Ausgabe 1

www.dejan-sekulic.com

Wichtige Hinweise

Das vorliegende Werk einschließlich all seiner Teile ist urheberrechtlich geschützt. Jede Verwertung ohne schriftliche Zustimmung des Autors ist unzulässig. Darunter fallen auch alle Formen der elektronischen Verarbeitung sowie die Verwendung in Seminaren jeglicher Art, einschließlich Videostream und Podcast. Das Übersetzen in andere Sprachen ist ebenfalls vorbehalten. Zuwiderhandlungen werden straf- und zivilrechtlich verfolgt.

Trotz sorgfältiger Prüfung können sich Fehler einschleichen. Der Autor ist für alle Hinweise zu Fehlern und Unklarheiten sehr dankbar, damit diese in künftigen Auflagen beseitigt werden können.

Der Autor übernimmt keinerlei Gewähr für die Aktualität, Korrektheit, Vollständigkeit oder Qualität der bereitgestellten Informationen. Haftungsansprüche gegen den Autor, welche sich auf Schäden materieller oder ideeller Art beziehen, die durch die Nutzung oder Nichtnutzung der dargebotenen Informationen bzw. durch die Nutzung fehlerhafter und unvollständiger Informationen verursacht wurden, sind ausgeschlossen. Eine Zusicherung bzw. eine Garantie, dass alles genauso bei jeder Leserin / jedem Leser zu den gleichen Resultaten führt, gibt es nicht.

Inhaltsverzeichnis

EINLEITUNG

Herzlich willkommen!

In diesem Buch warten 7 Methoden, welche dir, wie es im Titel schon heißt, helfen werden, mit negativen Gedanken fertig zu werden!

Ich bin mir durchaus bewusst, dass der Titel etwas plakativ und ja, auch provokativ ist. Doch alleine das ist schon eine gute und effektive Methode, mit negativen Gedanken umzugehen.

Wie, fragst du dich vielleicht? Ganz einfach, *indem du ihnen sagst, dass sie abhauen sollen!* Negative Gedanken können unser Leben stark beeinträchtigen und haben einen großen und direkten Einfluss auf unsere Lebensqualität.

Was spricht also dagegen, ihnen einfach zu sagen, *dass sie nicht erwünscht sind und sie* sich verziehen oder eben abhauen sollen? Dies ist bereits die erste Methode, um negative Gedanken zu schwächen und sie mit der Zeit auch loszuwerden.

Als ich von dieser Technik erfahren habe, konnte ich nicht anders, als ihr eine Chance zu geben. Und weißt du was, ich nutze sie heute noch! Ja, leider bin auch ich nicht vor negativen Gedanken gefeit und ich glaube mittlerweile, dass es kein Mensch wirklich ist.

Entscheidend ist halt, wie viele davon uns täglich heimsuchen. Wissenschaftler haben herausgefunden, dass wir bis zu 80 000 Gedanken pro Tag haben. Ziel sollte es sein, nein, muss es sein, die negativen auf ein absolutes Minimum zu reduzieren. Mit negativen Gedanken meine ich auch nicht die schlimmsten und katastrophalsten, die man sich vorstellen kann. Nein, auch wenn ich nur in einem Stau stecke und mich über diese Situation aufrege, habe ich automatisch negative Gedanken und negative Gefühle.

Dies alles führt zu schlechten Handlungen sowie Ergebnissen und letztlich auch zur Verschlechterung des Gesundheitszustandes.

Natürlich geschieht das nicht von heute auf morgen, Gott sei Dank! Erst die zahlreichen Wiederholungen und Intensitäten sorgen für diese Verstärker. Aber weißt du was, dies geht eben doch schneller, als du meinst! Genau aus dem Grund lohnt es sich allemal, sich mit dieser Materie auseinanderzusetzen.

Die hier vorgestellten Techniken werden dir dabei helfen, allerdings nur, wenn du die *Übungen auch konsequent anwendest!!!* Das Lesen alleine wird dir keine signifikanten Veränderungen bringen, nur das Tun!

Also, was wirst du beim nächsten Mal machen, wenn schlechte Gedanken dich heimsuchen und quälen?

Ihnen klar und unmissverständlich sagen, *dass sie abhauen sollen – und zwar sofort!*

Oder aber stell dir einfach vor, wie du ihnen einen kräftigen Tritt verpasst, genauso wie der gute Mann unten im Bild.

Wie fühlt sich das an?

Doch wer bin ich und weshalb solltest du mir überhaupt deine Aufmerksamkeit schenken?

ÜBER DEN AUTOR

Mein Name ist Dejan Sekulic und ich freue mich sehr, dich hier begrüßen zu dürfen. Ich bin ein serbischer Schweizer, der gleichermaßen stolz auf seine serbischen Wurzeln wie auf seine Schweizer Heimat ist.

Ich wurde an einem glücklichen Tag – es war der 26.04.1979 – in St. Gallen geboren. Ja, du hast richtig gelesen, der Tag meiner Geburt war, trotz schwieriger Umstände, ein sehr glücklicher. Ich erhielt das größte Geschenk, was ein Mensch überhaupt erhalten kann: mein Leben. Dieses Geschenk habe jedoch nicht nur ich bekommen, sondern auch du sowie jeder andere Mensch.

Dieses Buch soll dir wie schon gesagt helfen, mit negativen Gedanken fertig zu werden, dir neue oder auch andere Sichtweisen vermitteln und dich für ein MEHR im Leben inspirieren!

Etwas Unverschämtes gleich zu Beginn

Fragst du dich nun vielleicht, wieso ich mir die Freiheit nehme, dich einfach so zu duzen? Nun, ich möchte wirklich nicht unhöflich oder gar respektlos sein, doch in einigen Untersuchungen wurde herausgefunden, dass die Du-Form intensiver vom Unterbewusstsein aufgenommen wird. Das Du ist viel persönlicher, wodurch das Gelernte deutlich besser verarbeitet wird. Und da ich möchte, dass du den größtmöglichen Nutzen aus diesem Buch ziehst, biete ich dir, liebe Leserin, lieber Leser, das Du an.

Meine große Leidenschaft

Seit vielen Jahren befasse ich mich sehr intensiv mit Persönlichkeitsentwicklung, Erfolgspsychologie, positivem Denken und der Kraft des Unterbewusstseins. Als ich eines Tages auch noch NLP entdeckte, war es von der ersten Sekunde an um mich geschehen. NLP steht für Neurolinguistisches Programmieren. Es wird dir in Zukunft immer öfter begegnen, da es stetig bekannter wird. Und das nicht nur, weil es bei vielen Menschen einen Aha-Effekt ausgelöst hat, sondern weil es vor allem Wirkung zeigt. NLP ist eine Methode, mit der man sein Denken, Fühlen und Handeln im Umgang mit sich selbst wie auch mit anderen positiv beeinflussen kann. Das Konzept dahinter ist im Grunde genommen ziemlich einfach: Wenn jemand etwas wirklich gut kann bzw. auf diesem Gebiet absolute

Topleistungen vollbringt, dann gilt es herauszufinden, wie er das macht, um es schlussendlich für sich selbst nutzen zu können.

NLP wird auch als die Kunst und Wissenschaft der Kommunikation bezeichnet. Dank NLP sind schnelle und vor allem nachhaltige Veränderungen tatsächlich möglich.

Mein Wissen habe ich aber auch aus vielen Büchern ziehen und in Seminaren sammeln dürfen und einen Teil davon möchte ich hier mit dir teilen.

Schon als Kind habe ich mir oft die Frage gestellt, weshalb manche Menschen erfolgreicher und glücklicher sind als andere. Weshalb gelingt den einen so gut wie alles, während die anderen vom Pech verfolgt zu sein scheinen? Dies hat mich veranlasst, mich auch mit den universellen Gesetzen des Lebens zu befassen. Diese Gesetze sind uralt und ich stellte bei meinem Selbststudium wieder und wieder fest, dass die Mehrzahl der ganz großen Persönlichkeiten unserer Geschichte sie ebenfalls kannten. Nikola Tesla, Albert Einstein, Ralph Waldo Emerson, Johann Wolfgang von Goethe, Thomas Edison, Abraham Lincoln sind nur einige von sehr vielen. Diese Menschen kannten sie und wussten sie anzuwenden. Das Studium dieser Gesetze hat auch mir sehr viel gebracht, wofür ich gar nicht dankbar genug sein kann.

Schon von jeher habe ich mich durch Menschen inspirieren lassen, von denen ich etwas lernen konnte.

Etwas Wichtiges musst du noch von mir wissen:

Ich bin stolzer Papa von drei bezaubernden Töchtern – und auch für dieses Geschenk bin ich unendlich dankbar. Ich habe den allergrößten Respekt vor Frauen und möchte darum mit meinem Buch alle Damen und Herren in gleichem Masse ansprechen. Der Einfachheit halber bleibe ich aber bei der männlichen Form und hoffe sehr, dass dies für dich in Ordnung ist.

Mehr Infos über mich und meine Leidenschaft findest du unter:

www.dejan-sekulic.com

Eine Sache ist mir schon vor vielen Jahren richtig klar geworden: Jeder neue Tag ist ein neues, großes Geschenk – also lass uns loslegen!

Es gibt nur zwei Tage im Jahr, an denen man so gar nichts tun kann. Der eine heißt gestern, der andere heißt morgen. Also ist heute der richtige Tag, um zu lieben, zu glauben, zu handeln und vor allem zu leben.

Dalai Lama

Sag mal, magst du Geschenke?

Kennst du bereits mein 4-Minuten-Mental- Video? Es ist hervorragend geeignet, um sein Denken zu schulen, zu verbessern und letztlich auch auf ein höheres Level zu bringen, *was dir wiederum helfen wird, mehr Glück, Erfolg und Lebensfreude in dein Leben zu ziehen.*

Gehe auf www.4minuten-inspiration.com oder scanne ganz einfach diesen QR Code und sichere dir dieses Willkommensgeschenk.

Sage JA zu mehr Glück und Lebensfreude und starte auch du positiv in den Tag!

Und genau das ist das richtige Stichwort, um mit negativen Gedanken fertig zu werden, nämlich den Tag mit positiven Gedanken zu beginnen. Dabei wird dir meine 4-Minuten-Inspiration behilflich sein. Und das ist auch schon der nächste Tipp, den ich dir ans Herz legen möchte:

Beginne jeden Tag mit positiven und lebensbejahenden Gedanken. Ganz egal, wie viele Probleme du hast, negative Gedanken werden dir mit Sicherheit nicht weiterhelfen! Unsere Einstellung ist entscheidend, wie sich unser Leben entwickeln wird. Deshalb lautet die alles entscheidende Frage, die sich ein Mensch im Grundsatz stellen sollte, wie folgt:

Wie ist meine Einstellung? Ist sie eher negativ oder größtenteils positiv? Bin ich ein „Ja, aber"- oder ein „Warum nicht"-Mensch? Denke bitte darüber in aller Ruhe nach.

Bevor ich dir die verschiedensten Techniken zur Bewältigung von negativen Gedanken vorstellen werde, möchte ich dir noch etwas Grundsätzliches erklären, nämlich, was Denken überhaupt ist.

Wenn wir schon beim Thema sind, könntest du selbst das ganz spontan in zwei bis drei Sätzen erklären?

Doch nun will ich dich nicht länger auf die Folter spannen ...

WAS IST DENKEN GANZ GENAU?

Um dir das Ganze etwas greifbarer zu machen, möchte ich hier unsere Sinne mit dir gemeinsam unter die Lupe nehmen. Im NLP pflegen wir zu sagen, dass Denken *der innere Gebrauch der Sinne ist.*

Wenn wir denken, sehen wir vor unserem geistigen Auge Bilder, sogenannte innere Bilder. Oder wir fühlen, hören, riechen und schmecken unter Umständen etwas, führen häufig Selbstgespräche. Denke jetzt bitte einmal an ein schönes Ereignis aus deiner Vergangenheit, z.B. an deinen letzten Urlaub, deine Hochzeit, deine Beförderung, deine Hobbys, ganz egal was, tu es für ein paar Sekunden und lies bitte erst danach weiter.

Schreibe deine Erkenntnisse nun hier oder auf einem separaten Blatt Papier nieder:

Was kam zuerst?

Waren es Bilder, Geräusche, Gefühle, Gerüche oder ein Geschmack, die du bei deiner Reise in die Vergangenheit wahrgenommen hast?

Nicht jeder Sinneskanal ist dabei gleichermaßen ausgeprägt. In der Regel sind es die ersten drei (visuell, auditiv, kinästhetisch), die am aktivsten sind. Wir benutzen unsere Sinneskanäle permanent, *und zwar ohne dass es uns wirklich bewusst wäre.* Wir nehmen Infos aus unserer Umwelt wahr (externer Einfluss) und meistens verarbeiten wir diese auf unsere Art und Weise (interner Einfluss).

Bei beiden Vorgängen tun wir nichts anderes als zu denken. Demzufolge ist es elementar wichtig, dass wir uns der Prozesse, welche in unserem Gehirn stattfinden, tatsächlich bewusst werden, um somit auch bestimmte gewollte Veränderungen in unserem Denken vornehmen zu können.

Wir nehmen die Welt mit unseren fünf Sinnen wahr:

1. visuell (sehen)

2. auditiv (hören)

3. kinästhetisch (fühlen)

4. olfaktorisch (riechen)

5. gustatorisch (schmecken)

Lass uns nun die Sinneskanäle einmal etwas näher anschauen, um herauszufinden, welcher Kanal bei dir am ausgeprägtesten ist. *Dies zu erkennen, wird dir bei der Weiterentwicklung deiner Denkweise sehr behilflich sein.*

1. Der visuelle Typ

- denkt und spricht oft in Bildern.

- legt sehr viel Wert auf Äußeres (Attraktivität).

- nimmt die Welt vor allem visuell wahr.

- achtet bei Kleiderauswahl auf die Konstellation der Farben.

- findet Blickkontakt sehr wichtig.

- spricht häufig sehr schnell.

- hat eine schöne Handschrift.

Wörter und Sätze, die er verwendet:

- Das sehe ich auch so.

- Halt die Augen offen.

- Davon muss ich mir erst mal ein Bild machen.

- Lass uns etwas Licht ins Dunkle bringen.

- Ich möchte dir gerne etwas zeigen.

- Das sieht gut aus.

- Er muss wohl Tomaten auf den Augen haben.

- Das kann ich mir überhaupt nicht vorstellen.

- Betrachten wir das Ganze mal von einer anderen Seite.
- Das ist ein schönes Kleid.

- Ich richte meinen Fokus auf das Wesentliche.

- Lass uns das anschauen.

- Das habe ich neulich beobachtet.

- Wo steht das geschrieben?

Verarbeiten von Informationen:

Da dieser Mensch vor allem in Bildern denkt, fällt ihm das Visualisieren relativ leicht. Sein großer Vorteil ist, dass er sich das Gesehene gut und schnell merken kann. Erinnerungen werden daher oft in Bildern abgerufen.

Gesichter von Menschen speichert er mit Leichtigkeit ab, sogar, welche Kleidung diese Personen am besagten Tag trugen. Informationen werden von ihm relativ schnell verarbeitet und er lernt am besten übers Beobachten. Für den visuellen Typ sind Bilder, Grafiken oder Powerpoint-Präsentationen zum Aufnehmen von Wissen unerlässlich.

2. Der auditive Typ

- denkt in Worten und Sätzen.

- spricht ruhig und langsam.

- spricht oft zu sich selbst.

- ist ein guter Zuhörer.

- reagiert empfindlich auf Geräusche.

- achtet auf die Wortwahl und legt viel Wert auf die Betonung.

- liebt Fachgespräche.

- hat eine eher mittelmäßige Handschrift.

Wörter und Sätze, die er verwendet:

- Leih mir mal dein Ohr.

- Du hast eine kraftvolle Stimme.

- Habe ich mich deutlich ausgedrückt?

- Das hört sich gut an.

- Erzähl mir mehr davon.

- Das klingt wie Musik in meinen Ohren.

- Rede nicht so laut.

- Lass uns das besprechen.

- Das klingt nach Ärger.

- Sie hat ihm einen Floh ins Ohr gesetzt.

- Was ist das für ein Krach?

- Der redet zu leise und ich verstehe fast kein Wort von dem, was er sagt.

- Was ist das bloß für ein komisches Geräusch?

- Schatz, wir müssen reden.

Verarbeiten von Informationen:

Dieser Mensch speichert Informationen vor allem über das Gehörte ab. Das Visualisieren fällt ihm etwas schwer, dafür kann er sich gesprochene Worte gut und lange merken. Beim Denken führt er oft einen inneren Dialog.

Informationen werden von ihm in einem mittleren Tempo verarbeitet und am besten lernt er, wenn er darüber reden kann. Gespräche und Diskussionen sind für den auditiven Typen geradezu ein Muss.

3. Der kinästhetische Typ

- lebt von und in seinen Gefühlen (Gefühlsmensch).

- muss die „Dinge" anfassen können, damit er es besser versteht.

- ist ein Macher – er will anpacken und etwas bewegen.

- hat eine betonte Körpersprache.

- umarmt kräftig bzw. hat einen kräftigen Händedruck.

- liebt und braucht die Bewegung.

- hat eine verkrampfte Handschrift.

- Wörter und Sätze, die er verwendet:

- Da kriege ich eine Gänsehaut.

- Ich habe das schon im Griff.

- Packen wir es an.

- Das fühlt sich gut an.

- Ich könnte Bäume ausreißen.

- Bleib mal auf dem Teppich.

- Mir fällt ein Stein vom Herzen.

- Das ist für mich noch nicht greifbar.

- Ich bin ganz angespannt wegen dieser Sache.

- Das Ganze geht mir echt auf den Keks.

- Das berührt mich überhaupt nicht.

- Eine große Last liegt auf meinen Schultern.

Verarbeiten von Informationen:

Dieser Mensch muss die Dinge anfassen (tasten, berühren, fühlen) damit sie für ihn im wahrsten Sinne des Wortes, „greifbar" und somit auch begreifbar werden.

Er ist ein Pragmatiker, der anpackt. Während die einen sich noch fleißig mit der Bedienungsanleitung beschäftigen, arbeitet er bereits an der Umsetzung. Informationen werden von ihm in einem eher langsamen Tempo verarbeitet. Er braucht Übungen, Beispiele, Gruppenarbeiten, um das Gelernte verarbeiten zu können, ganz nach dem Motto „Learning by doing"!

Der kinästhetische Typ ist in der Schule etwas benachteiligt, weil dort der Lernstoff über Geschriebenes oder über die Stimme der Lehrperson vermittelt wird.

Du kennst nun die drei Hauptkanäle. Der Vollständigkeit halber füge ich auch noch die beiden anderen Sinneskanäle hinzu:

4. Der olfaktorische Typ (Riechsinn)

Wörter und Sätze, die verwendet werden:

- Das riecht nach Ärger.
- Mittlerweile weiß ich, dass Geld nicht stinkt.
- Steck deine Nase nicht in fremde Angelegenheiten.
- Die Sache stinkt doch bis zum Himmel.
- Ich habe die Nase voll.

5. Der gustatorische Typ (Geschmackssinn)

Wörter und Sätze, die verwendet werden:

- Die Sache schmeckt mir überhaupt nicht.
- Prüfungen sind nie ein Honigschlecken.
- Da läuft mir echt das Wasser im Mund zusammen.
- Ich habe die Schnauze voll.
- Die Geschichte hatte am Ende einen bitteren Beigeschmack.

Wie bereits erwähnt, ist nicht jeder Sinneskanal gleichermaßen ausgeprägt. Die ersten drei (visuell, auditiv, kinästhetisch) sind unsere Hauptkanäle. Jeweils einer dieser drei Sinneskanäle ist dabei dominant.

Doch um jegliche Missverständnisse von vornherein aus der Welt zu schaffen, möchte ich etwas Wichtiges klarstellen: Wir nutzen alle unsere Sinneskanäle und es ist beileibe nicht so, dass jemand, der ein ausgezeichneter visueller Wahrnehmungstyp ist, keine Gefühle hat oder keine Informationen über das Gehörte aufnehmen kann. So ist es Gott sei Dank nicht!

Einer der drei Sinneskanäle ist jedoch bei den meisten Menschen am stärksten ausgeprägt. *Mit ihm nehmen wir die Informationen aus unserer Umwelt vorrangig wahr und verarbeiten diese dann auch.* Es gibt jedoch auch Menschen, bei denen zwei Sinneskanäle fast gleichermaßen aktiv sind. Der dritte ist zwar vorhanden, jedoch eher passiv. Ja, das gibt es tatsächlich und es ist weder gut noch schlecht. Es geht vor allem darum zu erkennen, welchen Kanal bzw. welche Kanäle wir am meisten nutzen, *um somit noch mehr Einfluss auf unser Denken nehmen zu können.* Gerade wenn es um negative Gedanken geht, ist das essenziell.

Nutze deine Sinneskanäle bewusst

Wie sieht es nun bei dir aus, konntest du deinen favorisierten Sinneskanal bzw. deine am häufigsten genutzten Sinneskanäle ausfindig machen? Lass dir bitte dafür genug Zeit und verinnerliche das Ganze zunächst.

Damit du dir eine neue bzw. bessere Denkweise aneignen kannst, um die gewünschten Ergebnisse zu erzielen, ist es von großer Bedeutung zu wissen, mit welchem Sinn du die Welt wahrnimmst und wie du diese Informationen verarbeitest und abspeicherst.

Wenn du dann genau weißt, welcher Wahrnehmungstyp du bist, wird dein favorisierter Sinneskanal bzw. werden deine Sinneskanäle dich dabei optimal unterstützen. Es ist ein großer Unterschied, ob du zielgerichtet denkst und die Welt so bewusst wahrnimmst oder ob du es einfach nebenbei tust. Natürlich ist auch das möglich, doch passiert es dann einfach so, ohne dass es dir bewusst ist. Aber wir wollen ja ab jetzt ganz bewusst Einfluss auf die Entwicklung unseres Lebens nehmen!

Und genau hier wird dich meine 4-Minuten-Inspiration optimal unterstützen.

Wenn du dir dieses Geschenk noch nicht gesichert hast, so hole es am besten gleich unter www.4minuten-inspiration.com nach. oder scanne ganz einfach diesen QR Code.

Pflege nur die besten Gedanken und werde deines eigenen Glückes Schmied!

Mit den richtigen Gedanken kannst du so gut wie jede Herausforderung meistern.

Hast du dir jemals Gedanken über deine Gedanken gemacht und wie mächtig diese sind? Wir denken ständig und das, ohne es uns bewusst zu machen. Wie ich zu Beginn bereits erwähnt habe, haben wissenschaftliche Studien ergeben, dass ein Mensch pro Tag bis zu 80 000 Gedanken hat.

Sie kommen und gehen. Es ist so gut wie unmöglich, nicht zu denken. Gedanken sind Energie, die unsere Realität erschaffen. Ist es tatsächlich möglich, dass wir mit unserem Denken Einfluss auf die Materie und somit auch auf unser Leben nehmen können?

1905 stellte der berühmte Physiker Albert Einstein der Welt seine berühmt gewordene Formel ($E = mc2$) vor, welche die Beziehung zwischen Energie und Materie erklärt. Erreicht die Materie Lichtgeschwindigkeit, nennen wir sie Energie. Sinkt sie jedoch auf 0 ab, bleibt sie Materie. In Einsteins Formel bedeutet E Energie, m Masse oder Materie und c die Lichtgeschwindigkeit. Er zeigt auf, dass Masse und Energie nur zwei verschiedene Wesensformen sind.

Ein wichtiges Ergebnis seiner Relativitätstheorie war, dass Masse und Energie im Prinzip ein und dasselbe sind und sich unter bestimmten Voraussetzungen wechselseitig ineinander verwandeln können. Im Umkehrschluss heißt das nichts anderes, als dass *unsere Gedanken die Materie, also unser Leben, erschaffen.*

In der Quantenphysik stolpern wir diesbezüglich immer wieder mal über die folgenden zwei Sätze:

Materie folgt dem Geist oder anders ausgedrückt, der Geist erschafft die Materie.

Jeder Gedanke, den ein Mensch denkt, wird in den Kosmos ausgesandt und zieht nach dem Gesetz der Anziehung das an, woran wir am häufigsten und intensivsten denken. Hast du schon einmal an einen Menschen gedacht und kurze Zeit später hat sich diese Personen bei dir gemeldet?

Gedanken sind magnetisch und besitzen eine Frequenz. *An etwas zu denken heißt, es auch einzuladen, weil Gedanken Schwingungen sind.* Die Qualität dieser Gedankenschwingungen, die wir täglich aussenden, löst in unserem Umfeld eine entsprechende Reaktion aus.

Vereinfacht ausgedrückt, Gleiches zieht Gleiches an!

Wenn du die Geheimisse des Universums finden willst, dann denke in Formen von Energie, Frequenzen und Schwingungen.

Nikola Tesla

Unsere Gedanken von heute bestimmen die Zukunft von morgen, denn sie sind die Ursachen dafür. Insbesondere die

Gedanken, die uns zur Gewohnheit geworden sind, sind am einflussreichsten, denn sie haben uns zu dem gemacht, was wir heute sind.

Das, was du heute den ganzen Tag so gedacht hast, war größtenteils dasselbe, was du gestern und vorgestern auch gedacht hast. Mittlerweile wissen wir, dass unsere Gedanken auch einen großen Einfluss auf unser Wohlbefinden und unsere Gesundheit haben. Die Qualität deines Lebens wird ganz besonders von deinem Denken, deinen Gefühlen und deinem Verhalten bestimmt. Das, was du säst, wirst du ernten.

Das Glück deines Lebens hängt von der Beschaffenheit deiner Gedanken ab. Unser Leben ist das Produkt unserer Gedanken.

Marc Aurel

Nun, zu dieser Erkenntnis scheint auch Marc Aurel schon vor fast 2 000 Jahren gekommen zu sein. Sie hat heute noch Gültigkeit, obwohl schon so viele Jahre seitdem vergangen sind.

Darum sollte sie uns echt ins Grübeln bringen.

Denkgewohnheiten entstehen, indem gewisse Gedankenmuster (und Handlungen) ständig wiederholt werden. Das geht so lange, bis sie in Fleisch und Blut übergegangen sind. Nein, das passiert nicht einfach so von einem Tag zum anderen. Es ist ja nicht so, dass du etwas denkst und ein paar Minuten später hat sich das bereits manifestiert.

Zum Glück ist das nicht so. Ich sage bewusst zum Glück, denn was wäre, wenn jeder negative Gedanke sofort Realität würde?

Denken wir erst gar nicht darüber nach.

Übung macht auch hier den Meister. Erst die Wiederholungen, der Glaube ans Gelingen und eine positive Erwartungshaltung machen das Ganze zu einem sehr erfolgversprechenden Gesamtpaket. Der berühmte amerikanische Philosoph Ralph Waldo Emerson hat das schon vor vielen Jahren exakt auf den Punkt gebracht:

„Der Mensch ist, was er den ganzen Tag über denkt.“

Wenn es doch wirklich so einfach wäre …, wirst du vielleicht jetzt denken.

JA, es ist tatsächlich so einfach! Zuerst kommt der Gedanke, anschließend das Handeln und zu guter Letzt das Resultat. Wenn ein Mensch bis 80 000 Gedanken täglich hat, wie viele vergeudet er wohl für Sinnloses, wie zum Beispiel sich selbst zu sabotieren, sich zu ärgern, zu streiten, sich zu sorgen, über Probleme nachzugrübeln und, und, und ...

Und ja, genau so entstehen die sogenannten Destruktivprogramme – irgendwann sind wir dann tatsächlich der Ansicht, dass wir einfach so sind, wie wir sind. Dabei sind wir nicht einfach so, weil wir meinen, so zu sein. Unser Denken hat uns zu dem gemacht, was wir heute sind. Natürlich spielen die Gene und Veranlagungen eine gewisse Rolle. Doch die Erfahrungen, die wir im Leben gemacht haben, die Art der Erziehung, die wir genossen haben, haben uns in unserem Denken sehr stark beeinflusst und sie tun es immer noch.

Und wenn wir uns dessen täglich immer wieder bewusst werden, ist das enorm wirkungsvoll. Dies ist ein weiterer Erfolgsfaktor gegen negative Gedanken. Oder anders ausgedrückt, es ist eine sehr hilfreiche Technik.

Mach dir darum deine Gedanken mehrmals täglich bewusst!

Folgende Fragen können dir dabei helfen:

Was habe ich in den letzten Minuten gedacht? War das eher positiv oder eher negativ?

Wie fühle ich mich im Moment?

Wenn du dich in einem starken Zustand befindest, so hattest du vorher vor allem aufbauende und positive Gedanken.

Wenn du dich allerdings in einem mäßigen oder sogar schlechten Zustand befindest, so kannst du sicher sein, dass das, was du in den letzten paar Minuten gedacht hast, eher negativ war.

Achte auf deine Gefühle, denn diese haben einen sehr guten Feedback-Charakter. Wenn ich dir einen Tipp ans Herz legen darf:

Lerne, hier genau hinzuhören und sie auch wahrzunehmen. Sie einfach zu ignorieren wäre grob fahrlässig.

Gerne stelle ich dir im nächsten Kapitel eine weitere Technik vor!

WEHRE DICH NICHT DAGEGEN

Negative Gedanken sind der schlimmste Feind eines Menschen. Doch wenn wir lernen, unsere Gedanken zu kontrollieren und zu steuern, werden sie unsere besten Freunde. Die Konzentrationsfähigkeit spielt dabei eine wichtige Rolle, weil wir dank ihr auch vieles in unser Leben ziehen werden, was wir bewusst und unbewusst anstreben. *Vor allem der Wichtigkeit der unbewussten Denkprozesse möchte ich höchste Aufmerksamkeit schenken,* da die meisten bei uns Menschen vor allem unbewusst ablaufen.

Die Mehrzahl der Menschen möchte natürlich nicht bewusst krank werden oder sich über dieses und jenes Sorgen machen. Doch sobald wir uns in diesem negativen Resonanzfeld befinden, tun wir das. Meistens allerdings unbewusst. Aber dem Gesetz der Anziehung ist das völlig egal, weil es in Kooperation mit unserm Unterbewusstsein wirklich nur das tut, was wir ihm sagen. Es sollte keine Überraschung sein, dass wir auch nur die Menschen in unser Leben ziehen, die eine ähnliche Einstellung haben, wie wir, deren Denken und Fühlen dem unserem entspricht und die ein Modell der Welt fast gleicher Art haben wie wir.

Konzentriere dich nicht auf Zweifel oder auf das, was du nicht möchtest. Konzentriere dich auf deine Vorhaben und sieh und fühle dich bereits am Ziel angekommen. Lebe es jetzt schon in deinem Geist und freue dich auf deine Zukunft und dass du es geschafft hast! Lerne deine Gedanken zu steuern und dich nur noch auf das zu konzentrieren, was du wirklich möchtest, dann wird das Gesetz der Anziehung dir dabei helfen.

Je intensiver du das tust, desto mehr Energie setzt du frei. Mit jeder Wiederholung wirst du besser werden. Spitzensportler sind häufig deshalb so erfolgreich, weil sie vor allem ihre Konzentrationsfähigkeit permanent trainieren. Glaubst du, es ist bloß Zufall, dass sie ihre Topleistungen im entscheidenden Moment so auf den Punkt abrufen können?

Doch nicht nur Sportler sind dazu in der Lage. Viele andere Menschen haben, dank ihrer Achtsamkeit und Gedankenkontrolle bedeutende Ziele erreicht. Sie alle waren weder Übermenschen noch Supertalente. Auch du hast diese Fähigkeit und kannst dieses Gesetz für dich nutzen. Es spielt auch hier keine Rolle, wer du früher warst, woher du kommst, wie viel Schulbildung du hast und wer du heute bist. Das alles Entscheidende ist, wer du morgen sein möchtest und was du zu erreichen gedenkst. Erwarte jedoch keine schnellen Wunder und dass sich in zwei Tagen alles ändern wird. Auch hierfür brauchst du Geduld und Ausdauer.

Geduld ist nicht passiv zu bewerten, im Gegenteil. Sie ist konzentrierte Stärke.

Bruce Lee

Es ist trotzdem anzunehmen, dass dir von Zeit zu Zeit quälende und negative Gedanken kommen werden. Dies ist vollkommen normal und wir alle kennen das. *Kämpfe jedoch bitte nicht dagegen an, denn dadurch schenkst du ihnen nur unnötig Aufmerksamkeit* und konzentrierst dich genau auf das, was du eben gar nicht willst!

Es ist wichtig, dass du dir ein positives Denken nicht «erkämpfen» musst. Nimm diese störenden Gedanken mal einfach so zur Kenntnis und in einem nächsten Schritt suchst du ganz locker und entspannt eine Alternative.

FINDE EINE ALTERNATIVE

Eine gute Möglichkeit gegen negative Gedanken ist es einen alternativen hilfreichen Gedanken zu suchen. Statt sich über dieses oder jenes Sorgen zu machen, könntest du dir stattdessen einfach vorstellen, wie toll das Angestrebte ausgehen wird.

Nicht die Dinge machen uns zu schaffen, sondern die Art und Weise, wie wir diese wahrnehmen.

Epiktet

Die Zukunft ist ein Märchen, allerdings entscheiden wir selbst, wie der Inhalt dieses Märchens sein wird. Jedes Mal also, wenn du dich in diesem negativen Denken ertappst, *dann suche sofort nach hilfreicheren Gedanken.*

Frage dich ganz bewusst, ob man diese Sachlage auch anders sehen könnte? Ist das wirklich eine Katastrophe, oder versteckt sich darin nicht doch eine Möglichkeit?

Gerne möchte ich dir das anhand der folgenden Geschichte etwas verdeutlichen:

Der chinesische Bauer

In einem kleinen Dorf in China lebte ein Bauer mittleren Alters. Er besaß nicht viel und zählte sicher nicht zu den Reichsten, allerdings besaß er ein sehr schönes Pferd und durfte sich glücklich schätzen, dass er der einzige Bauer in diesem Dorf war, der so ein Prachtstück hatte. Oft sagten die Leute zu ihm: „Oh, was für ein schönes Pferd!" Darauf antwortete der Bauer jedes Mal: „Wer weiß, wofür es gut ist!" Eines Tages schien sich das Glück des Bauern zu wenden, denn sein Pferd lief ihm Hals über Kopf davon und niemand wusste so richtig, weshalb.

Wenige Stunden später kamen die ersten Dorfbewohner zu dem Bauern, um sich nach dem Pferd zu erkundigen und zu fragen, warum es überhaupt so weit gekommen war. Die Antwort des Bauern lautete erneut: „Wer weiß, wofür es gut ist!" Schon ein paar Tage später tauchte das Pferd wieder auf, diesmal in Begleitung einer wilden Stute, die sich ihm angeschlossen hatte. Da staunten die Nachbarn und einige von ihnen konnten ihren Neid kaum verbergen. „Mensch, hat der ein Glück", kommentierten sie. Aber die Antwort des Bauern war wieder nur: „Wer weiß, wofür es gut ist!"

An einem schönen Sommertag stieg der Sohn des Bauern auf das Pferd, weil er große Lust hatte zu reiten. Es dauerte nicht lange und schon tauchten die ersten Dorfbewohner auf, um sich dieses Spektakel anzusehen. „Mensch, hat der es aber gut", kommentierten wieder einige. Plötzlich und wie aus dem Nichts erschrak das Pferd und wurde ganz wild. Der Sohn des Bauern konnte sich nicht mehr halten und fiel herunter. Der Sturz war so heftig, dass er sich das Bein brach und auch sonst viele Verletzungen davontrug. Die Nachbarn waren ganz entsetzt: „Oh je, was hat der für ein Pech!" Aber der Bauer sagte wieder nur: „Wer weiß, wofür es gut ist!"

Einige Tage später tauchte ein Heer von Soldaten im Dorf auf und rekrutierten alle Männer, um sie für den Krieg, der gerade ausgebrochen war, mitzunehmen. Alle mussten mit, bis auf einen — der Sohn des Bauers. Aus gesundheitlichen Gründen blieb er vom Kampf verschont. Einmal mehr kommentierten viele Dorfbewohner, was für ein Glück der Sohn doch habe. Aber auch davon ließ sich sein Vater nicht beeindrucken und meinte nur: „Wer weiß, wofür es gut ist!"

Egal, um welches Ereignis es sich bei dieser Geschichte gehandelt hat, *der Bauer hat ihr jedes Mal eine ganz besondere Bedeutung gegeben.* Man könnte auch sagen, dass er in jeder Situation das Positive gesucht hat, obwohl es im ersten Moment gar nicht danach aussah. Das ist das richtige Stichwort: im ersten Moment.

Norman Vincent Peale hat mal gesagt:

„Wenn der liebe Gott dir ein Geschenk machen möchte, verpackt er es in ein Problem."

Dieses Zitat hat sich mittlerweile fest bei mir verankert, aber ich gebe offen zu, dass es mich, als ich es zum ersten Mal las, ziemlich irritiert hat. Bei einer genaueren Betrachtung steckt in dieser Aussage jedoch sehr viel Weisheit.

Wenn wir jedoch gegen negative Gedanken ankämpfen, wird uns das nie richtig bewusst werden. Frage auch du dich, wofür dieses oder jenes gut sein könnte, suche eine Alternative und stelle dir qualitativ gute Fragen.

Qualitativ gute Fragen sind dabei eine hervorragende Methode dich ich gerne jetzt weiter vertiefen möchte.

STELLE DIR DIE RICHTIGEN FRAGEN

Jedes Mal, wenn dich negative Gedanken und Gefühle heimsuchen, können qualitativ gute Fragen eine enorme Hilfe sein. Auch ich bin nicht davor gefeit und mittlerweile behaupte ich, dass es niemand auf diesen Planten wirklich ist. Ich habe dir hier ein paar Fragen zusammengestellt, die mir in solchen Situationen enorm helfen und meinen Zustand positiv verändern und relativ schnell in eine andere Richtung lenken können. Probiere es ruhig einmal aus:

Meine Fragen für einen besseren Zustand:

> Bringt mich das (Ärger, Sorge, Kummer, Neid oder was auch immer) meinem Ziel näher?

> Mit welchen Nachteilen muss ich rechnen, wenn ich mich weiterhin aufrege oder mir Sorgen mache?

> Wie viel Schmerz wird es letztlich bei mir auslösen, wenn ich in diesem Zustand bleibe?

> Mit welchen Konsequenzen muss ich langfristig rechnen, wenn ich so weitermache wie bisher?

> Was kann ich aus dieser Situation lernen?

> Was kann ich tun, damit es mir besser geht?

> Worüber bin ich zurzeit in meinem Leben glücklich?

> Wofür könnte ich sonst noch dankbar sein?

Arbeite mit diesen Fragen, sobald du merkst, dass sich dein Zustand negativ verändert. *Fragen dieser Art werden dir helfen, deinen Fokus zu ändern und ermöglichen dir dadurch eine bedeutend positivere Handlung!*

Ich empfehle dir, diese Fragen aufzuschreiben und sie zu verinnerlichen. Sie nur hier zu lesen, ist zwar gut und schön, doch noch besser ist es, wenn du sie anfangs immer in Griffnähe hast.

Im nächsten Kapitel stelle ich dir eine weitere Technik vor – den Scheibenwischer.

DER SCHEIBENWISCHER

Stell dir vor, du sitzt im Auto und es regnet in Strömen. Was machst du normalerweise, wenn so eine Situation eintritt? Wahrscheinlich stellst du jetzt den Scheibenwischer an, damit du eine klare Sicht auf die Straße hast, denn dadurch fährt es sich selbstverständlich bedeutend besser und sicherer.

Mit unserem Denken ist es nicht anders. Wir brauchen einen klaren Kopf, ein klares Denken, um das zu erreichen, was wir anstreben. Wären da nur nicht diese schlechten Gedanken, die uns hin und wieder einen Strich durch die Rechnung machen wollen. Abhilfe schafft hier der Scheibenwischer. *Jedes Mal, wenn Gedanken dieser Art bei dir aufsteigen, stellst du dir vor, dass diese Gedanken Regen wäre.*

Da sie dich nur stören und deine Sicht beeinträchtigen, betätigst du im Geiste jetzt deinen Scheibenwischer und wischst sie wie den Regen einfach weg.

Mach das mehrere Male. Nimm, wenn du möchtest auch deine Hand zu Hilfe und stell dir vor, wie du sie als Scheibenwischer benutzt und du sämtliche quälenden Gedanken damit wegwischst.

Mit jeder Wiederholung reinigst du dadurch dein Gehirn von all deinen negativen Gedanken. Wenn du magst, kannst du auch ruhig die Augen schließen und die Übung in deiner Vorstellung,

d. h. vor deinem inneren Auge ausführen. Finde heraus, was für dich am besten passt.

Übe das ein paar Mal, denn wie schon die alten Römer sagten: Wiederholung führt zur Meisterschaft!

DER LÄSTIGE SPIEGEL

Hierbei handelt es sich um eine sehr hilfreiche Technik, die beim Loswerden von lästigen Bildern äußerst hilfreich sein kann. Im NLP arbeiten wir intensiv mit Submodalitäten, einem der Hauptfaktoren für dauerhaften Erfolg. In einfachen Worten ausgedrückt sind Submodalitäten Feinunterscheidungen innerhalb der Sinne oder auch Untereinheiten der Sinne (Sehen, Hören, Fühlen, Riechen, Schmecken).

Sie wiederum beeinflussen die Intensität unserer Gefühle und sorgen somit für positive oder auch negative Energie. Solltest du dich mal schlecht fühlen, dann ging diesem Gefühl garantiert etwas Negatives voraus (Bild, Ton, Berührung, Geruch, Geschmack). Bei dieser Übung wollen wir mit den störenden Bildern arbeiten und auch ihnen ihre Kraft nehmen. Haben sich Bilder in deinem Kopf verankert, welche die Qualität deines Lebens stark beeinträchtigen? Fällt es dir schwer, nicht an etwas anderes zu denken? Finde mindestens ein lästiges Bild für diese Übung. Etwas Wichtiges noch vorweg: Es handelt sich hier um eine rein mentale Übung, die nur in deinem Kopf stattfindet.

Du bist bei der Suche nach einem Bild fündig geworden? Fein! Dann mach nun bitte Folgendes:

Stell dir dieses Bild als einen großen Spiegel vor, der direkt vor dir steht. Nimm jetzt einen großen Hammer, hole gewaltig aus und zerschlage das Bild. Stelle dir nun weiter vor, wie dieser

Spiegel in Tausende Stücke zerspringt. Yes, geschafft, du hast das Bild zerstört! Womöglich hat es dir sogar großen Spaß gemacht, das lästige Bild so gründlich zu zerschlagen? Möchtest du diesen Schritt dann vielleicht noch einmal wiederholen? Höre auf dein Gefühl und tu es, wenn du Lust darauf hast.

Die Scherben liegen nun auf dem Boden herum, darum stell dir vor, wie eine große Walze darüberfährt und die Scherben immer kleiner werden. Genieße dieses Gefühl. Im letzten Schritt wird das, was noch an Spiegelscherben übriggeblieben ist, von der Müllabfuhr eingesammelt und abtransportiert. Voller Freunde und tiefer Dankbarkeit sagst du innerlich jetzt good bye dazu.

Es ist wirklich wichtig, dass du diese Übung Schritt für Schritt und bis zum Ende durchführst.

Höre bitte nicht schon nach dem Zerschlagen des Spiegels auf, sondern sieh zu, dass von den Scherben, auch wenn es nur mental ist, nichts mehr übrigbleibt.

Bedanke dich bei den Müllmännern, die die Reste aufgesammelt haben und stell sicher, dass die Scherben am Ende komplett aus deinem Bild verschwunden sind.

Auch wenn sich diese Technik relativ einfach anhört, so ist sie doch äußerst wirksam. Du kannst diese mentale Übung beliebig oft wiederholen, du weißt ja inzwischen, dass sich mit jeder Wiederholung dein Erfolgsprogramm verstärkt.

Fang am besten mit den Übungen an, mit denen du dich am ehesten anfreunden kannst. Du hast jetzt einige weitere gute Methoden kennengelernt, dank denen du lästige Gedanken loswirst. Nutze sie, wende diese Techniken an und mit jedem Schritt wirst du dich verbessern. Vertraue auf deine Fähigkeiten, denn sie schlummern schon in dir und warten nur darauf, aktiviert zu werden. Je klarer deine Gedanken sind, je konzentrierter du bist, desto besser wird dich das Gesetz der Anziehung bei deinen Vorhaben unterstützen.

Damit wir uns aber richtig verstehen: Ich sage nicht, dass du nur fühlen und visualisieren brauchst und alles geschieht von selbst. Nein, das wäre zu einfach und obwohl das häufig von manchen Trainern und Coaches behauptet wird, ist das ein Irrglaube.

Vergiss das Handeln nicht! Du kannst visualisieren, bis du grün wirst, wenn du dabei nicht aktiv wirst und nichts dafür tust, ist das nur ein Teil des Weges. Einmal mehr zur Erinnerung, du musst aktiv werden!

Gerne stelle ich dir im nächsten Kapitel eine weitere Technik gegen negative Gedanken vor.

LASS SIE IN FLAMMEN AUFGEHEN

Du hast ein Bild in deinem Kopf, welches dich belastet, stresst und dir sämtliche Energie raubt? Dann mache folgendes:

Stell dir vor, du nimmst im Geiste ein Streichholz zur Hand und zündest das Bild an! Es fängt immer mehr zu glimmen an, wird immer schwärzer, rollt sich ein und wird letztlich zur Asche. Wiederhole diesen Vorgang mehrmals, damit die Wirkung dieses negativen Bildes nachlässt.

Oder, was du auch tun kannst, ist, dir vorzustellen, wie du vor einem gemütlichen Lagerfeuer oder Kamin sitzt und dieses Bild in das brennende Feuer wirfst! Schaue dabei genüsslich zu, wie es in Flammen aufgeht und all das Negative damit sich in Rauch auflöst. Genieße diesen Moment!!

Wenn du möchtest, kannst du auch ein echtes Bild zur Hand nehmen und auch dieses verbrennen. Sollte es dir schwerfallen das alles zu visualisieren, so kannst du dir ein Bild besorgen und dieses anzünden und in Flammen aufgehen lassen!

Bei diesen Übungen geht es nicht um irgendwelche Vodoo Rituale, oder was es sonst noch alles gibt, sondern, dass die negativen Gedanken und Erinnerungen aus deinem Kopf sich löschen und mit der Zeit in Vergessenheit geraten.

Ich kann mir gut vorstellen, dass wenn du so etwas noch nie gemacht hast, dir womöglich einige Fragen durch den Kopf gehen. Verstehe ich nur allzu gut. Ich kann dich aber nur ermutigen es einfach mal auszuprobieren. Du wirst selbst mit der Zeit feststellen, wie wirkungsvoll es ist und mit jeder Wiederholung verstärkst du so dein Erfolgsprogramm.

EMERGENCY SWITCH

Willst du die Wirkung eines inneren Bildes möglichst schnell abschwächen, kann dir diese Übung ebenfalls helfen, da sie relativ einfach und rasch durchzuführen ist. Sie besteht aus 4 Schritten und dauert wirklich nur ein paar Minuten.

1) Werde dir deines inneren Bildes bewusst, das heißt, wie sieht das Bild, welches dich runterzieht und quält, genau aus.

2) Welches Gefühl löst dieses Bild bei dir aus?

3) Lass dieses Bild zu einem kleinen schwarz-weißen Bild schrumpfen, sodass du es links unten einige Meter von dir entfernt noch siehst. Spiele hier ruhig etwas damit rum und finde für dich heraus, wie klein das Bild werden und wie weit es von dir entfernt sein muss, damit das Gefühl dieses negativen Bildes nachlässt.

4) Wiederhole dieses Schrumpfen so oft du kannst, sodass die Wirkung dieses Bildes auf ein Maximum reduzierst.

YES
YOU CAN

LASS DIE BILDER ZERFLIESSEN

Kommen wir zu einer weiteren, wie ich finde, sehr wirkungsvollen Technik.

Stelle dir einfach mal vor, wie auf dein negatives Bild Wasser zu tropfen beginnt. Dies könnte zum Beispiel der Regen sein und du siehst, wie das Wasserbild mehr und mehr zerläuft und am Ende nur noch ein Farbklecks übrig bleibt und von diesem Bild nichts mehr zu erkennen ist.

Auch diese Übung geht relativ schnell und mit jeder Wiederholung wird auch hier die Wirkung des negativen Bildes nachlassen!

Alternativ zum Regen kannst du dir auch vorstellen, wie du eine Wasserkanne nimmst und das Wasser über dein Bild gießt. Auch hier wird es sich zerlaufen, womöglich noch schneller als beim Regen. Teste es doch einfach mal und werde Herr deiner Gedanken!

DIE INNERE STIMME

Falls du negative Gedanken hast, die dich in Form von inneren Stimmen hin und wieder begleiten und vor allem auch sabotieren, dann wird dir diese Technik bestimmt helfen.

Wenn du sagst: „Dejan, ich habe keine innere Stimme, die zu mir spricht", dann sage ich dir Folgendes: Peng, da war sie gerade wieder! Jeder von uns hat diese innere Stimme und sie kann manchmal echt nervend und hinderlich sein.

Immer, wenn sich diese negative Stimme meldet, erhöhe mal das Sprechtempo. Du hörst sie nach wie vor, allerdings redet sie jetzt mindestens dreimal so schnell wie normalerweise.

Mach das mehrere Male. Wie fühlt sich das jetzt an? Steigern wir das Ganze jetzt nochmals und verwenden wir dabei die Mickey-Mouse-Stimme. Stell dir also vor, dass du all diese negativen Sätze in einer sehr hohen Geschwindigkeit hörst und obendrein auch noch mit Mickeys Stimme.

Wenn dir Mickey Mouse nicht so liegt, dann kannst du stattdessen auch eine andere lustige Figur mit witziger Stimme verwenden. Kennst du Willi, den Freund von Biene Maja? Auch seine Stimme ist sehr lustig. Hör dir im Geiste einen deiner

einschränkenden Sätze an und verwende dabei Willis Stimme.
Wie fühlt sich das an?

Doch damit nicht genug. Wie wäre es, wenn du deinen negativen
Sätzen in deiner Vorstellung eine Melodie hinzufügen würdest,
zum Beispiel die von Biene Maja, und sie singen würdest? Oder
eine andere eingängige Erkennungsmelodie wie die von den
Schlümpfen, Tom und Jerry, Inspektor Gadget?

Lass deiner Fantasie freien Lauf und verwende beim Singen
deiner negativen Sätze die lustigsten Melodien. Diese Technik ist
äußerst wirkungsvoll, um auditive Sätze zu entkräften.

Wie fühlt sich das Ganze an, wenn du sämtliche Sätze mit
solcherart lustigen Stimmen und Melodien hörst *und sie so ins
Lächerliche ziehst?* Musst du vielleicht selbst darüber lachen?

Vielleicht wird dir das am Anfang etwas albern erscheinen, wen
wundert's, *doch das ist genau der Trick bei dieser genialen Technik.*

Es wird mit der Zeit so albern, dass wir es selbst nicht mehr ernst nehmen können und somit unseren Glauben an das, was wir innerlich sagen, verlieren werden.

Ja, deine negativen Sätze werden tatsächlich mit der Zeit an Wirkung einbüßen. Bei einigen Menschen geschieht das schneller als bei anderen und es gibt auch hier kein Richtig oder Falsch. Denn jeder ist ein Individuum, eine Persönlichkeit, und auf seine Art und Weise einzigartig.

Nicht jede Technik wirkt bei allen gleich, was ja auch absolut in Ordnung ist. Im Allgemeinen lässt sich sagen, dass Menschen, die einen ausgeprägten auditiven Sinneskanal haben, sich eher mit dieser Übung anfreunden werden, weil sie die Informationen mehr über das Gehörte als über das Gesehene (visueller Sinneskanal) aufnehmen.

Wie gesagt, es handelt sich hier lediglich um allgemeine Erfahrungswerte. Experimentiere auch hier am besten etwas herum und wiederhole die Übung mehrmals, denn mit jeder Repetition werden deine negativen Sätze mehr und mehr ihre Wirkung verlieren.

DEINE NÄCHSTEN SCHRITTE

Du hast hier einige Techniken und Methoden kennengelernt, Dank denen du deine negativen Gedanken besser in den Griff und mit der Zeit auf ein absolutes Minimum bringen kannst. Nochmals, es geht nicht darum, dass wir nie wieder negative Gedanken haben werden, doch es ist ein signifikanter Unterschied, ob ich täglich von bis zu 80 000 Gedanken, 30 000 oder mehr schlechte habe, oder nur noch 10 000 oder weniger!

Wer Leid und Schmerz sät, kann nicht erwarten, Liebe und Freude zu ernten.

Pythagoras

Unser Denken beeinflusst unsere Aktionen und diese die Ergebnisse. *Keiner von uns kann* erwarten, Negatives zu denken und auf der anderen Seite Positives zu erwarten. Dies ist schlichtweg nicht möglich, weil es ein metaphysisches Lebensgesetz ist. Arbeite mit den hier vorgestellten Übungen und mit der 4-Minuten-Inspiration.

Wenn du dir dieses Geschenk noch nicht gesichert hast, so hole es am besten gleich unter www.4minuten-inspiration.com nach.

Oder scanne ganz einfach diesen QR Code.

Die Kombination aus beiden wird dein Leben auf ein höheres Niveau bringen. Bevor unser Leben besser wird, müssen zuerst WIR besser werden, denn auf jede Aktion folgt eine Reaktion. Fange bitte sofort an neue Ursachen zu setzen, damit du auch neue Wirkungen erfahren kannst! Wenn du das jeden Tag machst, was denkst du, wirst du in einem Jahr oder in 5 Jahren sein?

Ich hatte dir 7 Techniken versprochen und wenn du mitgezählt hast, waren es mehr als 7. Doch damit nicht genug. Gerne möchte ich dir ein paar weitere Methoden vorstellen, welche dir ebenfalls helfen werden, künftig mit negativen Gendanken noch besser fertig zu werden.

DANKBARKEIT

Seit Langem führe ich täglich ein Dankbarkeitstagebuch und dort schreibe ich jeden Tag drei bis fünf Punkte auf, wofür ich dankbar bin. Und selbst wenn ich mal einen schlechten Tag erwischt habe, stelle ich mir bewusst diese Frage:

„Wofür kann ich heute dankbar sein?"

Wenn ich mir diese Frage so gezielt stelle, sucht und findet mein Gehirn selbst noch mindestens drei Sachen, für die ich dankbar sein kann. Plötzlich fällt mir auf, dass ich zwei gesunde Beine habe, die mich von A nach B bringen. Zwei gesunde Augen, die das Schöne in dieser Welt sehen können. Zwei Ohren, die mich wunderbare Musik hören lassen. Vielen Dank für diese Geschenke!

Und falls jemand noch immer denkt, dass das alles selbstverständlich ist, dann sei hier die Frage erlaubt, ob dieser jemand die Sache mit der Wertschätzung auch wirklich verstanden hat. Die gilt nicht nur sich selbst, sondern auch dem Leben gegenüber. Wenn du Dankbarkeit in dir spürst, dann wirst du, dank des Gesetzes der Anziehung, noch mehr davon in dein Leben ziehen. Oder glaubst du allen Ernstes, dass das, was sich bisher in deinem Leben ereignet hat, rein zufällig passiert ist?

Dein Partner?

Deine Freunde?

Deine Arbeitsstelle?

Dein Auto?

Deine Wohnung bzw. Haus?

Deine Erfolge?

Alles nur Zufall?

Es ist dir zu-gefallen.

Das Gesetz der Anziehung wirkt, wie es das Gesetz der Schwerkraft auch tut. Ob wir es glauben wollen oder nicht, ist diesen Gesetzen so ziemlich egal. Du und ich, aber auch jeder andere Mensch wird genau das anziehen, was er denkt, fühlt und erwartet. Damit das Gesetz der Anziehung aber für und nicht gegen uns wirkt, ist Dankbarkeit ein sehr verlässliches Mittel.

Aufrichtig dankbar zu sein, ist ein ausgesprochen schönes Gefühl. Wir alle sind der Ansicht, dass wir schon genügend dankbar sind, oder besser gesagt, dankbar wären. Doch wie kommen wir zu dieser Erkenntnis? Indem wir das Wort danke als reine Höflichkeitsfloskel in den Mund nehmen? Indem wir es zwei bis drei Mal täglich verwenden?

Das hat bei Weitem nichts, aber rein gar nichts mit Dankbarkeit zu tun. Erst wenn wir uns richtig bewusst werden, wofür wir im Leben alles dankbar sein können, werden wir ein positives Bewusstsein für Dankbarkeit, mit diesem warmen Gefühl dahinter, entwickeln können. Übe dich einmal einige Wochen lang in Dankbarkeit, indem du täglich mindestens drei bis fünf Dinge findest, wofür du dankbar bist bzw. sein kannst. Das können ganz einfache Sachen sein. Das Wasser, das du trinkst, die Luft, die du einatmest. Die Freunde, die du hast und die mit dir ihre Zeit verbringen. Der Partner, der dir seine Liebe schenkt. Dein Herz, das stets verlässlich in dir schlägt.

Schreibe dir all diese Punkte auf und tu dies bitte über einen längeren Zeitraum. Du wirst selbst schon bald feststellen, welch positive Gefühle sich dabei entwickeln.

Und was hat das alles mit negativen Gedanken zu tun, fragst du dich jetzt vielleicht? Ganz einfach: weil sich Dankbarkeit und negative Gedanken nicht vertragen.

Ich kann nicht Dankbarkeit und gleichzeitig Sorgen, Kummer sowie Angst empfinden. Das geht schlichtweg nicht, da das eine positive und das andere negative Gedanken sind. Fragst du dich nun, weshalb das nicht gehen sollte?

Ganz einfach, weil das zwei entgegengesetzte Pole sind, die sich nicht vertragen, wie zum Beispiel plus und minus. Nein, das ist beileibe keine Erfindung von mir, sondern ein Naturgesetz.

Sich dieser Tatsache bewusst zu werden, wird dir helfen, das Leben noch besser zu verstehen, doch mehr dazu etwas später.

Wenn dich also das nächste Mal negative Gedanken heimsuchen, was wirst du machen?

Genau, ihnen klar und unmissverständlich mitteilen, **dass sie abhauen sollen.** Punkt. Und in einem nächsten Schritt nimmst du dein Dankbarkeits-Tagebuch zur Hand und findest mehrere Gründe, wofür du alles dankbar sein kannst. Ich verspreche dir, dass sich dein Zustand innerhalb kürzester Zeit verbessern wird. Denn nochmals:

Negative Gedanken und Dankbarkeit vertragen sich nicht.

Nicht die Glücklichen sind dankbar. Es sind die Dankbaren, die glücklich sind.

Francis Bacon

HALTE DICH VOM NEGATIVEN FERN

Meide Mord-und-Totschlag-Schlagzeilen – sie sind reines Gift für deine Seele. Denn dein Gehirn wird annehmen, dass all das Negative „die Realität" ist. Damit meine ich keineswegs, dass dir dieses oder jenes egal sein sollte, weit gefehlt! Aber du hilfst niemandem und am allerwenigsten dir selbst damit, wenn du dir ständig Negatives reinziehst. Das Gegenteil ist der Fall. Überlege dir stattdessen, welchen Beitrag du leisten kannst, um die Welt zu verbessern.

Jeder von uns kann das und es muss auch gar nichts Gigantisches sein. Spenden zum Beispiel sind eine wunderbare Sache, Gutes zu tun, ob Geld oder Kleidung, die du nicht mehr brauchst. Bevor du Kleider und Schuhe wegwirfst, frage dich stets, ob sie noch jemandem von Nutzen sein könnten. Du spendest lieber Geld? Dann gründe eine Stiftung oder beteilige dich an einer. Was immer du gern gibst – gib es. Es existieren unzählige Möglichkeiten, um der Menschheit zu dienen. *Sich dagegen jeden Tag durch Horrorschlagzeilen in Selbsthypnose versetzen zu lassen, hilft keinem.* Und so ganz nebenbei schadest du dir damit langfristig enorm, denn dein Unterbewusstsein schläft nie, es hört immer mit.

Wie wäre es, wenn du dein Gehirn und dein Unterbewusstsein mit Visionen, Träumen, Zielen und positiven Suggestionen füttern würdest? Wozu das führen kann, möchte ich dir anhand folgender Geschichte verdeutlichen:

Ein französischer Weinbauer wanderte einst in die USA aus, um dort sein Glück in seiner Branche zu versuchen. Zehn Jahre später feierte er bereits sein erstes Firmenjubiläum. Zu diesem Anlass wurde er – wie es sich gehört – von einer Journalistin interviewt. Eine ihrer Fragen, die ihr unter den Fingern brannten, war folgende:

„Monsieur, woher haben Sie den Mut genommen, um das zu tun, was Sie getan haben? Denn einige Jahre nach Ihrem Start brach in den USA eine große Krise in der Weinbranche aus und all Ihre Konkurrenten standen unter Schock, während Sie neues Land kauften und zugleich auch in eine noch bessere Technik investierten.

Woher hatten Sie den Glauben und den Mut, so zu handeln? Das war offensichtlich das Fundament für Ihren grandiosen Erfolg. Der Weinbauer lächelte und antwortete ihr wie folgt:

„Madame, als ich damals in die USA ausgewandert bin, habe ich so gut wie jeden Tag und jede Nacht gearbeitet. Infolgedessen hatte ich so gut wie keine Zeit, Englisch zu lernen und deshalb habe ich auch kein Radio gehört, keine TV-Sendungen angeschaut und keine Zeitungen gelesen. Ich habe damals gar nicht mitgekriegt, in welcher Krise meine Branche steckte, denn hätte ich das mitbekommen, hätte ich mit Sicherheit nie investiert und mit sehr großer Wahrscheinlichkeit auch nie expandiert!"

Welches Fazit ziehst DU aus dieser Geschichte?

Was meinst du, wie die Story zu Ende gegangen wäre, hätte der Weinbauer gewusst, in welcher Krise sich seine Branche befindet? Wir können hier nur mutmaßen, doch seine Aussage (Ich habe damals gar nicht mitgekriegt, in welcher Krise meine Branche steckte, denn hätte ich das mitbekommen, hätte ich mit Sicherheit nie investiert und mit sehr großer Wahrscheinlichkeit auch nie expandiert!) finde ich äußerst spannend. Wo liegt jetzt hier der Unterschied? Wir sprechen vom selben Weinbauer, im selben Land, während derselben Zeitperiode und während derselben Krise. Der einzige kleine Unterschied liegt „nur" darin, dass er von dieser Krise nichts wusste. Denn hätte er davon gewusst, worauf hätte er sich dann womöglich mehr konzentriert?

Worauf du deinen Fokus (Gedanken) richtest, dorthin fließt deine ganze Energie! In unserem Leben erleben wir genau das, worauf wir unsere Gedanken mehrheitlich richten. Im Positiven wie auch im Negativen! Fokussiere dich deshalb bitte auf das, was du haben möchtest, und nicht auf das, was du vermeiden willst!

Wofür entscheidest du dich? Egal wie alt oder jung du bist, es ist niemals zu früh oder zu spät!

An sich ist nichts weder gut noch böse, unser Denken macht es erst dazu.

William Shakespeare

Eine kleine Ergänzung:

Nicht nur das Denken, sondern auch die Beachtung, die wir den Ereignissen beimessen, macht ein Geschehnis gut oder schlecht.

Wieviel Aufmerksamkeit du gewissen Ereignissen beimisst, ist entscheidend.

Wenn du negativen Ereignissen deine Aufmerksamkeit schenkst, dann wird sich dein Zustand verschlechtern und du wirst noch mehr negative Gedanken und letztlich auch negative Ereignisse in dein Leben ziehen.

Wie wäre es stattdessen, wenn du den *positiven Ereignissen mehr und mehr deiner Aufmerksamkeit schenken würdest?*

Ich kann gar nicht oft genug betonen, wie wichtig mentale Nahrung ist und ich bitte dich hier wirklich von ganzem Herzen, sehr behutsam zu sein, was du alles in dein Gehirn und in dein Unterbewusstsein reinlässt.

Ich habe ja inzwischen mehrere Bücher geschrieben und Online-Trainingsprogramme dazu entwickelt, die den Menschen helfen, ihre Lebensqualität zu verbessern und mehr Erfolg, Glück und Lebensfreude in ihr Leben zu ziehen.

Wenn du magst, besuche mal meine Website, vielleicht findest du dort das eine oder andere Produkt, welches auch dir gefallen könnte:

www.dejan-sekulic.com

EIN WICHTIGES LEBENSGESETZ

Es geht im Leben nicht darum zu warten, dass das Unwetter vorbeizieht. Es geht darum zu lernen, im Regen zu tanzen.

Zig Ziglar

Verstehst du, was sich wirklich dahinter verbirgt?

Kennst du den Spruch, dass es nicht nur Sonne im Leben gibt? Wo Sonne ist, ist auch Schatten.

Hast du dich jemals gefragt, weshalb das so ist? Nun, dahinter steckt ein Naturgesetz. Ich hatte es vorhin mal im Kapitel Dankbarkeit kurz erwähnt ... weißt du noch, die beiden Pole.

Wo es Kälte gibt, da gibt's auch Wärme. Wo wir Ärger finden, da finden wir woanders auch Freude. Es gibt minus, aber auch plus, so gibt es von allem zwei Seiten.

Wir leben in einer dualen Welt und dieses Lebensgesetz ist vielen Menschen nicht bekannt und schon gar nicht bewusst. Es gibt nicht nur Schönwetter, sondern auch Unwetter.

Gerade wenn es im Leben super läuft, halten sich manche für ganz große Helden. Doch wenn das plötzlich kippt, sind ganz viele damit überfordert. Nicht wenige suchen dafür dann Schuldige – wenn man die sucht, dann wird man sie auch finden. Unter Umständen ist das manchmal sogar berechtigt, das weiß ich nicht und möchte darüber auch kein Urteil fällen.

Was ich dir vielmehr zu verstehen geben möchte, ist, dass das Positive nicht ohne das Negative existieren kann und auch umgekehrt.

Es wird immer wieder mal schwierige, ja vielleicht auch sehr negative Phasen im Leben geben, das lässt sich einfach nicht vermeiden. Und sich genau dieser Tatsache bewusst zu werden, ist etwas enorm Wichtiges.

Glaube mir, das zu erkennen, nicht dagegen anzukämpfen, es anzunehmen und es sich bewusst zu machen, ist eine enorm hilfreiche Methode, um nicht noch mehr Negatives in sein Leben zu ziehen. Du unterbrichst dadurch den negativen Flow, verhinderst quasi, dass er noch weiter wächst und sich verbreitet.

Oder anders ausgedrückt, du unterbrichst diese negative Spirale und hinderst sie daran, weiter zu wachsen. Doch damit nicht genug, du kannst sie auch senken, vielleicht nicht gleich und sofort, doch Schritt für Schritt. Fragst du dich vielleicht, wie das geht? Indem du das hier Gelernte konsequent anwendest, verinnerlichst und fest in deinem Leben verankerst.

Ja, wenn es denn so einfach wäre, höre ich einige entgegnen ...

Schau, ich selbst hatte damit ja auch jahrelang zu „kämpfen". Nein, diese Transformation geschah natürlich nicht von heute auf morgen, sondern in vielen kleinen Schritten. Doch ich konnte täglich immer wieder Fortschritte und Erfolge verbuchen. Ein sehr schönes Gefühl, wofür ich enorm dankbar bin.

Wenn dir der Inhalt dieses Kapitels neu war, empfehle ich dir, ihn noch einmal zu lesen, bevor wir zur nächsten Übung kommen.

Nein, es gibt nicht nur Sonne im Leben, sondern auch Schatten und ab und zu gibt es sogar Unwetter. Lerne, im Regen zu tanzen – die Techniken und Methoden, die du hier gelernt hast, werden dir dabei helfen.

Nun verrate ich dir, was das Tolle daran ist:

Selbst schwierige oder negative Phasen gehen vorüber. Irgendwann wird es aufhören zu regnen und die Wetterfront wird weiterziehen. Freue dich jetzt schon auf die Sonne, denn alles Negative hat irgendwann ein Ende. Mache dir diese Tatsache bewusst, denn auch dieses ist ein Naturgesetz.

Derjenige, der die Wahrheit der geistigen Natur des Universums begreift, ist weit auf dem Weg zur Meisterschaft fortgeschritten.

Kybalion

DIE GUTE KERZE GEGEN SCHLECHTE GEDANKEN

Zum krönenden Abschluss möchte ich dir gern noch eine weitere Übung vorstellen, dich ich persönlich sehr mag und die ebenfalls einfach durchzuführen ist. Ich nenne sie „die gute Kerze gegen schlechte Gedanken" und sie geht folgendermaßen:

Setz dich bequem hin. Wenn du magst, gern an einen Tisch, auf dem du eine Kerze abstellen kannst. Ich empfehle dir, für diese Übung das Zimmer abzudunkeln.

Stell die Kerze nun so hin, dass sie etwas tiefer als auf deiner Augenhöhe platziert ist, sodass du leicht schräg nach unten auf die Kerze schauen kannst. Fixiere nun die Flamme dieser Kerze mit beiden Augen. Versuch nun, ca. zwei bis fünf Minuten in die Flamme zu schauen, jedoch so, dass es für dich angenehm ist.

Sollten irgendwelche Gedanken bei dir auftauchen, so schenke ihnen keine Beachtung. Konzentriere dich lediglich auf die Flamme deiner Kerze.

Spüre, während du das tust, wie positive Energie deinen Körper durchströmt und alles Negative vertreibt. Genieße diesen Moment.

Je weniger du bei dieser Übung blinzelst, desto besser. Gerade am Anfang ist das nicht leicht, du brauchst also etwas Übung und Training. Je öfter du diese Übung machst, desto besser wird es dir gelingen, deine Konzentrationsfähigkeit zu stärken. Und so ganz nebenbei wirst du mehr Ruhe und Gelassenheit erreichen.

Ich empfehle dir, diese Übung vor dem Schlafengehen durchzuführen. Du wirst damit deinen Geist jedes Mal „reinigen" und dadurch einen ruhigen und erholsamen Schlaf fördern.

Wir haben es fast geschafft ...

Bevor wir uns der Zielgeraden nähern, möchte ich noch einmal kurz nachfragen:

Arbeitest du schon fleißig mit meiner 4-Minuten-Inspiration?

Solltest du dir dieses Geschenk noch nicht gesichert haben, so hole es am besten gleich unter www.4minuten-inspiration.com nach oder scanne ganz einfach diesen QR Code und sichere dir dieses Willkommensgeschenk.

Pflege nur die besten Gedanken und werde deines eigenen Glückes Schmied!

Genau, werde deines Glückes Schmied, denn du hast es selbst in der Hand. Mit einer, wie ich finde, inspirierenden und treffenden Metapher möchte ich das Ganze ausklingen lassen.

Die Taube von Laotses Schülern

An einem sonnigen Tag überlegten sich zwei von Laotses Schülern, wie sie es schaffen könnten, ihren weisen Meister, der allwissend ist, wenigstens einmal zu überlisten. Plötzlich hatte einer der beiden einen Einfall.

„Ich weiß, wie wir es schaffen können, den Meister auszutricksen und er dieses Mal, egal was er sagt, Unrecht haben wird." „Lass hören", sagte der andere. „Wir nehmen eine Taube und ich werde sie hinter meinem Rücken verstecken, sodass Laotse sie nicht sehen kann. Ich werde ihm die Frage stellen, ob die Taube lebt oder tot ist. Falls er sagt, sie lebt, dann werde ich die Taube erdrücken und sie wird tot sein. Sollte er jedoch sagen, dass sie tot ist, so werde ich sie davonfliegen lassen. So oder so, der Meister kann dieses Mal nur verlieren!"

„Eine geniale Idee", stimmte der andere begeistert zu. Und so gingen die beiden mit der hinter dem Rücken versteckten Taube zum Meister.

„Meister, du bist doch allwissend und weise, bitte sage uns, ob die Taube, welche ich hinter meinem Rücken in der Hand halte, lebt oder tot ist." Der Meister schaute die beiden lange an, sagte jedoch kein Wort zu ihnen. Daraufhin fasste der eine Schüler nochmals nach: „Meister, wir hätten gerne eine Antwort. Lebt die Taube oder ist sie tot?" Schließlich entschied sich Laotse doch noch, eine Antwort zu geben.

Welche Kernbotschaft versteckt sich hinter Laotses Aussage? Auch wenn diese Aussage vielen Menschen nicht gefallen mag, so ist in ihr, meiner Meinung nach, eine große Wahrheit enthalten: Wir haben es in der Hand!

BONUS

Liebe Leserin, lieber Leser!

Das waren wie versprochen „7 Techniken". Wie du aber sicher gemerkt hast, waren es mehr und ich hoffe sehr, dass sie dir zusagen und dir weiterhelfen werden. Setze das Gelernte unbedingt um und ich verspreche dir, dass sich dein Leben verbessern wird.

Wir sind fast am Ende unserer gemeinsamen Reise angelangt. Du hast es bis hierher geschafft und dafür zolle ich dir meinen allergrößten Respekt! Nur ganz wenige Menschen lesen ein Buch bis zum Schluss, sondern geben meistens schon viel früher auf. Das hat nicht nur mit der Qualität des Buches zu tun, sondern vielmehr mit Eigendisziplin. Diese wird immer belohnt, wie auch die Einsatzbereitschaft. Ich empfehle dir wärmstens, diese Eigenschaft zu pflegen und auch weiterzuentwickeln. Gib immer mehr als das, was man von dir erwartet. Gehe die Extrameile, diese berühmt-berüchtigten 110 %! Genau diese sind es, die dich von der Masse abheben. Wenn es zum Beispiel heißt: „Finde 10 Gründe", dann bleibe nicht bei 10 stehen, sondern mach so lange weiter, bis du mindestens 11 hast. Minimalisten geben sich mit 10 zufrieden, doch Persönlichkeiten, die wachsen und sich entwickeln wollen, sind niemals Minimalisten. Niemals!

„Da auch ich kein Minimalist sein will, möchte ich mit gutem Beispiel vorangehen und dir einen kleinen Auszug aus meinem

ersten Buch, „Das Glück liebt glückliche Menschen – Nahrung
für Geist und Seele", als Bonus schenken. Es handelt sich dabei
um zehn Zitate mit jeweils einem von mir geschriebenen Tipp.
Sie sollen dir als zusätzliche Inspirationen, also 10 % extra,
dienen. Ich bitte dich darum, mein Geschenk anzunehmen."

GEHEN WIR DIE EXTRAMEILE

Bonus 1

Wer sich selbst alles zutraut, wird andere übertreffen.

Chinesische Weisheit

Tipp:

Es spielt keine Rolle, was andere über dich denken. Das Entscheidende ist, was du selbst über dich denkst. Mir ist bewusst, dass wir so etwas Ähnliches schon einmal hatten. Doch weil es so extrem wichtig ist, bringe ich es gern nochmals.

Bonus 2

Kritikern hat man noch nie ein Denkmal gebaut, den Kritisierten dagegen schon oft.

Glen Turner

Tipp:

Konstruktive Kritik ist äusserst wertvoll und ich empfehle dir, ihr gegenüber offen zu sein. Allerdings gibt es auch eine Menge destruktiver Klugscheisser, die so ziemlich alles und jeden schlechtreden. Halte dich von diesen Menschen fern, denn das ist hoch ansteckend. Jeder, der etwas wagt, läuft Gefahr, etwas falsch zu machen. Allerdings ist das ist noch lange kein Grund, diese Person runterzumachen. Andrew Carnegie hat einmal gesagt: „Kritisieren kann jeder Narr und die meisten Narren tun das auch noch."

Bonus 3

Das Leben ist ein Echo.

Was du aussendest, kommt zurück. Was du säst, erntest du. Was du gibst, erhältst du. Was du in anderen siehst, existiert in dir.

Denk dran, das Leben ist ein Echo. Es kommt immer zu dir zurück. Sei gütig.

Zig Ziglar

Tipp:

Dahinter verbirgt sich ein wichtiges Lebensgesetz. Ursache und Wirkung, Saat und Ernte, Karma, völlig egal, wie du es nennst: Dieses Prinzip scheitert niemals!

Bonus 4

Das habe ich noch nie vorher versucht, also bin ich völlig sicher, dass ich es schaffe.

Pippi Langstrumpf

Tipp:

Pippi Langstrumpf ist nicht nur sympathisch frech, sondern auch sehr selbstbewusst. Wen wundert's, mit so einer Einstellung?! Was hindert uns daran, von ihr zu lernen?

Bonus 5

Als ich fünf Jahre alt war, hat meine Mutter immer gesagt, dass Glück der Schlüssel zum Leben ist. Als ich zur Schule ging, fragten sie mich, was ich werden will, wenn ich gross bin. Ich schrieb „GLÜCKLICH".

Sie sagten mir, dass ich die Aufgabe nicht verstanden hätte, doch ich sagte ihnen, dass SIE das Leben nicht verstanden haben!"

John Lennon

Tipp:

Verstehst du jetzt, weshalb es wichtig ist, das Leben zu verstehen und glücklich zu sein? Im Grunde ist es gar nicht so kompliziert, doch wir meinen, es kompliziert machen zu müssen.

Bonus 6

Wenn du am Morgen erwachst, denke daran, was für ein köstlicher Schatz es ist zu leben, zu atmen und sich freuen zu können.

Marc Aurel

Tipp:

Es gibt Leute, die sich regelmässig beschweren, weil sie am Morgen aufstehen müssen. Dabei ist es ein Geschenk und das Beste, was einem Menschen überhaupt passieren kann.

Bonus 7

Unsere tiefste Angst

„Unsere tiefste Angst ist nicht, dass wir ungenügend sind. Unsere tiefste Angst ist, über das Messbare hinaus kraftvoll zu sein. Es ist unser Licht, nicht unsere Dunkelheit, die uns am meisten Angst macht. Wir fragen uns, wer bin ich denn, mich als brillant, grossartig, talentiert, fantastisch zu bezeichnen?

Aber genau darum geht es, weshalb solltest du es nicht sein? Du bist ein Kind Gottes! Dich selbst klein zu machen, nützt der Welt nicht. Es ist nichts Erleuchtetes daran, sich so klein zu machen, dass andere sich deshalb um dich herum nicht unsicher fühlen. Wir sind alle bestimmt zu leuchten, wie es die Kinder tun. Wir wurden geboren, um die Herrlichkeit Gottes, der in uns ist, zu manifestieren. Er ist nicht nur in einigen von uns, er ist in jedem Einzelnen von uns. Und wenn wir unser Licht erstrahlen lassen, geben wir anderen Menschen die Erlaubnis, dasselbe zu tun. Wenn wir uns von unserer eigenen Angst befreit haben, befreit unsere Gegenwart automatisch auch die anderen.“

Dieses Gedicht stammt von Marianne Williamson und Nelson Mandela hat es bei seiner Antrittsrede verwendet.

Tipp:

Diese Zeilen haben bisher zahlreiche Menschen inspiriert, lass auch du dich davon animieren.

Bonus 8

Ein Grund dafür, dass sich die Leute vor Veränderungen fürchten, ist, dass sie sich stets auf das konzentrieren, was sie verlieren könnten anstatt auf das, was sie dazugewinnen könnten.

Rick Godwin

Tipp:

Unser Gehirn hat die wichtige Funktion, uns stets zu schützen! Deshalb fragt es in jeder neuen Situation: „Was ist hier faul?" So gut das auf der einen Seite auch ist, so hinderlich ist es auf der anderen. Anstatt gleich alles von Beginn an abzulehnen, „Nein" oder „Ja, aber" zu sagen, könnte ein „Warum nicht" oder ein „Ich tu es" hin und wieder von Nutzen sein.

Bonus 9

Wir alle sind nur Besucher auf dieser Welt und in dieser Zeit. Unsere Seelen sind nur auf der Durchreise. Unsere Aufgabe hier ist es zu beobachten, zu lernen, zu wachsen und zu lieben, um dann heimzukehren.

Weisheit der australischen Ureinwohner

Tipp:

Unsere Zeit auf der Erde ist begrenzt und manchmal scheinen wir das in unserem Alltag völlig zu vergessen. Wie ich bereits gesagt habe, ist jeder Mensch auf seine Art und Weise einzigartig! Genau aus diesem Grund müssen wir aus unserem Leben auch etwas Einzigartiges machen, damit wir am besagten Tag sagen können:

„Dieses Leben war großartig!"

Extra-Bonus

Du siehst, ich kann es einfach nicht lassen, doch ich bin so was von überzeugt davon, dass, wenn man mehr gibt, als das, was der andere von einem erwartet, sich das immer im Leben auszahlen wird! Immer! Vergiss bitte eines nicht: Alles, was wir geben, kommt auch wieder zu uns zurück!

Keiner von uns kommt lebend hier raus. Also hört auf, euch wie ein Andenken zu behandeln. Esst leckeres Essen. Spaziert in der Sonne. Springt ins Meer, sagt die Wahrheit und tragt euer Herz auf der Zunge. Seid albern, seid freundlich, seid komisch. Für nichts anderes ist Zeit!

Anthony Hopkins

Tipp:

Genau – für nichts anderes ist Zeit! Genieße dein Leben, sei fröhlich, denn niemand außer dir kann das für dich tun. Entscheide dich jetzt, dein Leben wertzuschätzen, zu lieben und einfach glücklich zu sein!

EINFACH NUR DANKE

Ich hoffe aufrichtig, dass dieses Buch dir weitergeholfen hat und sich dein Leben etwas verbessert, weil du mindestens ein Prozent davon profitieren kannst. Wenn dem so ist, dann lass es mich bitte wissen und teile deine Erkenntnis mit deinen Mitmenschen. *Gib etwas zurück und profitiere so vom Gesetz des Gebens.* Setze auch DU dich für das Gute in dieser Welt ein und hilf mir, sie ein wenig besser zu machen. Ja, wir beide können das, denn jede Veränderung fängt bei uns selbst an. Um es mit den Worten von Mahathma Gandhi zu sagen:

„Sei du selbst die Veränderung, welche du dir für diese Welt wünschst."

Auch ich habe eine ganze Reihe von Zielen, die ich in meinem Leben noch erreichen will. Ich möchte die Lebensqualität von ganz vielen Menschen auf diesem Planeten verbessern, sodass ich an meinem letzten Tag sagen kann, dass es sich gelohnt hat, dieses Leben zu leben. Und genau das, liebe Leserin, lieber Leser, wünsche ich mir auch ganz fest für DICH!

Entscheide dich jetzt dafür, aus deinem Leben etwas Einzigartiges zu machen.

Vertraue dabei dem Leben oder, wie ich es auf eine mittlerweile altmodische Art und Weise sage, vertraue dem lieben Gott! Seinen Segen wünsche ich dir von ganzem Herzen und auch all das, was du dir selbst wünschst.

DU kriegst das hin – und denke stets daran: Das Glück liebt glückliche Menschen!

Alles Liebe

Dejan

Dejan Sekulic

Das Glück liebt glückliche Menschen!

Nahrung für Geist und Seele

99 Inspirationen für tägliche Motivation.

Zitate, Metaphern, Geschichten, Alltagstipps für mehr Glück, Erfolg und Lebensfreude.

Dejan Sekulic

DU kriegst das hin!

Mach aus deinen Problemen, Hindernissen und Wünschen ein
Ziel!

Dejan Sekulic

DIE QUALITÄT deines Wörterbuchs bestimmt die Qualität DEINES LEBENS!

Wähle deine Worte weise ...

Denn dein Unterbewusstsein hört immer mit!

Dejan Sekulic

Auch DU bist ein Master!

Genial, einzigartig ...

... und viel mehr als Status quo!

Dejan Sekulic

NIMM DIR 2 MINUTEN ZEIT FÜR DICH!

Geschichten fürs Herz, die dein Leben bereichern werden!

ONLINE TRAININGSPROGRAMME

Die Seelische Vitaminspritze
Mentale Nahrung für mehr Erfolg und Lebensfreude!

Die Qualität deiner Gedanken entscheidet über die Qualität deines Lebens!

Nutze auch du die **Kraft deines Unterbewusstseins**, indem du die richtigen Bilder und Worte dort hinein lässt!

www.seelische-vitaminspritze.com

oder scanne ganz einfach diesen QR Code.

DURCHBRUCH!

…und Schluss mit Status quo!

Der Kurs für Potenzialentfaltung und Persönlichkeitsentwicklung

Entfalte dein volles Potenzial und verabschiede dich von der Masse!

Dieser Kurs wird dir helfen **dein Selbstvertrauen zu erhöhen** und deine gesteckten **Ziele** bedeutend **schneller zu erreichen!**

Bist du bereit für deinen DURCHBRUCH?

www.dejan-sekulic.com/durchbruch

oder scanne ganz einfach diesen QR Code.

GLÜCK ZU GEWINNEN!

Ein 12 Monats-Kurs mit 24 Lektionen: 2 Videos pro Monat.

Mit diesem Online Trainingsprogramm holst du dir dein persönliches Glück auf allen Endgeräten direkt nach Hause! 12 Monate wirst du von mir begleitet, damit das **Glück zu einem festen Bestandteil** in deinem Leben wird.

Auch das Glück gibt es nicht umsonst, doch für **nur 19,97 Euro** monatlich!

Zudem schenke ich dir die ersten 30 Tage!

www.dejan-sekulic.com/glueck

oder scanne ganz einfach diesen QR Code.

PAST-SMOKING

…und die Zigarette ist für immer Vergangenheit!!

Sag für immer, ganz einfach und ohne Entzugserscheinungen "Tschüss" zur Zigarette.

Die Formel für ein rauchfreies und gesundes Leben!

Sichere dir jetzt schnell deinen exklusiven Sonderzugang zu deinem Nichtraucher Training, das mich (und viele andere auch!!) **für immer** und **ohne irgendwelche Entzugserscheinungen** zum Nichtraucher gemacht hat!

www.past-smoking.com

oder scanne ganz einfach diesen QR Code.

EIN WEITERES GESCHENK

Dieser Gutschein hat einen Wert von 15 Euro und du kannst ihn für eines meiner Online-Trainingsprogramme einlösen. Gehe nochmals die letzten Seiten zurück, ich bin mir sicher, dass du dort das eine oder andere findest, welches auch dir zusagt.

Diese Kurse gehen noch viel mehr in die Tiefe als die Bücher und wenn du einen regelrechten Quantensprung machen möchtest, kann ich sie dir nur wärmstens ans Herz legen. Übrigens gebe ich auf all meine Kurse eine Geld-zurück-Garantie.

Code*	Glueck
Währung	EUR ⌄

Währung für Festbeträge. Bei Käufen in anderen Währungen wird zum Tageskurs umgerechnet

Rabatt auf 1. Zahlung bzw. Einmalzahlung	% + €	15,00

In Prozent und/oder Festbetrag.
Preis sinkt nicht unter den Mindestpreis

DER MENSCH DEJAN SEKULIC

Stärke: Sucht in jeder Situation das Positive

Schwäche: Gutes Essen

Sprachen: Deutsch, Serbisch, Englisch

Große Leidenschaft: Persönlichkeitsentwicklung / Bücher / Seminare

Vorbilder: Sylvester Stallone, Nikola Tesla, Napoleon Hill, Dr. Vitali Klitschko, Dr. Joseph Murphy, Konfuzius

Lebensmotto: „Never give up, denn du bist mehr als nur Status quo."

Größter Reichtum: Seine vier Frauen ☺ (Ehefrau und drei Töchter): „Ich liebe euch über alles!"

Anzahl Coachings: Weit über 15.000

Mag besonders: Positive Menschen (Optimisten)

Mag überhaupt nicht: Schwarzmaler (Pessimisten)

Größte Liebe: Seine Ehefrau Ljilja

Mission: Menschen helfen, den Status quo hinter sich zu lassen, und sie zu mehr Glück, Lebensfreude und innerem Frieden inspirieren

Aus- und Weiterbildung: Diplomierter Hotelier, HR-Fachmann, Erwachsenenbildner, NLP-Master, 600 Bücher/400 Hörbücher und Onlineprogramme

Hobbys: Lesen, Schreiben, Reisen, Spaziergänge in der Natur

Worauf er stolz ist: Seine eigene Entwicklung – vom Sonderschüler zum Coach, Buchautor und zur Führungskraft. Als Erster veröffentlichte er im Selbstverlag ein Buch in deutscher und serbischer Sprache.

Sport: Krafttraining um 5.00 Uhr morgens nach dem Aufstehen, im Sommer Biken und Schwimmen

Hier kannst du dich mit Dejan vernetzen:

Facebook

https://www.facebook.com/dejan.sekulic1

Instagram

https://www.instagram.com/dejan_sekulic_com/

Linkedin

https://www.linkedin.com/in/dejan-sekulic-38a7b0160/

Xing

https://www.xing.com/profile/Dejan_Sekulic/portfolio?sc_o=mxb_p

LITERATURVERZEICHNIS

Byrne, Rhonda

    The MAGIC

Byrne, Rhonda

    The secret

Carnegie, Dale

    Sorge dich nicht, lebe

Carnegie, Dale

    Wie man Freunde gewinnt

Coué, Emile

    Autosuggestion

Dilts, B. Robert

    Professionelles Coaching mit NLP

Neveling, Elmar

    Jürgen Klopp: Echte Liebe

Franckh, Pierre

    Das Gesetz der Resonanz

Gordon, David

    Therapeutische Metaphern

Hay, L. Louise

Wahre Kraft kommt von Innen

Hill, Napoleon

Denke nach und werde reich

Hill, Napoleon

Erfolgsgesetze in sechzehn Lektionen

Hill, Napoleon

Erfolg durch positives Denken

Höller, Jürgen

Sag ja zum Erfolg

Höller, Jürgen

Sprenge deine Grenzen

Kahn, Oliver

Du packst es

Kahn, Oliver

ICH. Erfolg kommt von innen

Komarek, Iris/Feustel, Bert

NLP-Trainingsprogramm

Maasburg, Leo

Mutter Teresa: Die wunderbaren Geschichten

Ruiz, Miguel Don

    Die vier Versprechen: Ein Weg zur Freiheit und Würde

Murphy, Joesph

    Die Macht Ihres Unterbewusstseins

Murphy, Joesph

    Das Erfolgsbuch

Murphy, Joesph

    Die Gesetze des Denkens und Glaubens

Peale, Norman Vincent

    Die Kraft des positiven Denkens

Robbins, Anthony

    Grenzenlose Energie

Robbins, Anthony

    Das Robbins Power Prinzip

Tepperwein, Kurt

    Kraftquelle Mentaltraining

Tepperwein, Kurt

    Die geistigen Gesetze

Carlson, W. Bernard

    Tesla – Der Erfinder des elektrischen Zeitalters

Waldo Emerson, Ralph

Gedanken

Williamson, Marianne

Our deepest fear

Sonstiges:

Sekulic, Dejan

NLP-Master-Abschlussarbeit:
Neues Mindset dank NLP

Internet:

https://www.wikipedia.org

https://www.youtube.com

Impressum